Impressum
Verlag: BABADADA GmbH, Nedderfeld 112 , 22529 Hamburg
Geschäftsführer / Verlagsleitung: Harald Hof
Druck: Books on Demand GmbH, In de Tarpen 42, 22848 Norderstedt

Imprint
Publisher: BABADADA GmbH, Nedderfeld 112 , 22529 Hamburg, Germany
Managing Director / Publishing direction: Harald Hof
Print: Books on Demand GmbH, In de Tarpen 42, 22848 Norderstedt

duɗal

school

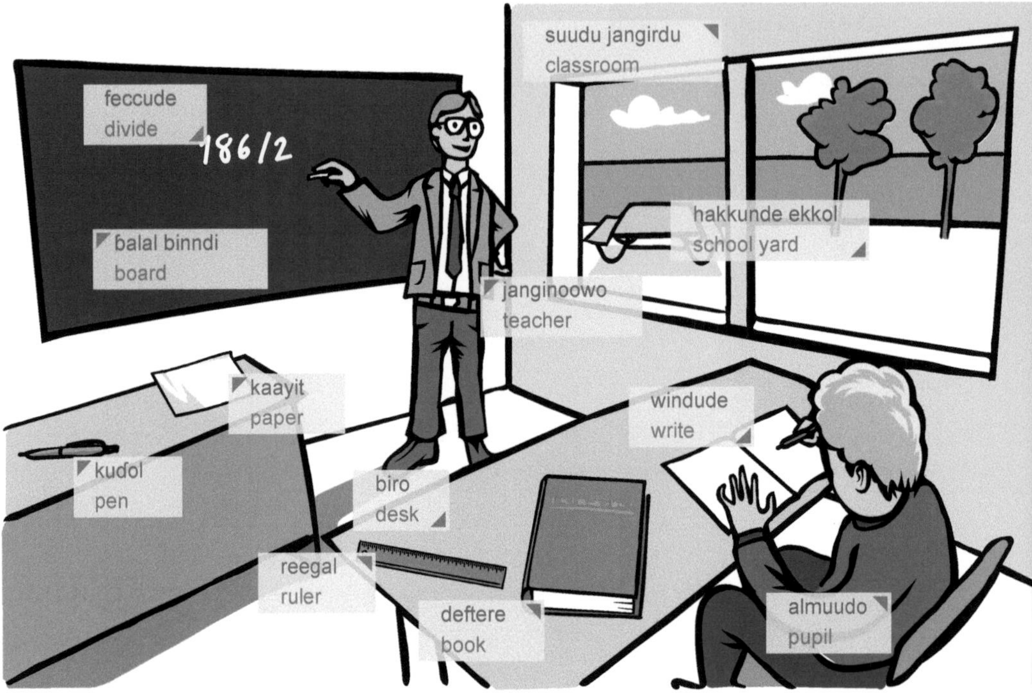

suudu jangirdu
classroom
feccude
divide
186/2
ɓalal binndi
board
janginoowo
teacher
hakkunde ekkol
school yard
kaayit
paper
windude
write
kuɗol
pen
biro
desk
reegal
ruler
deftere
book
almuudo
pupil

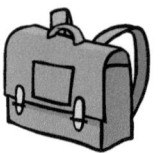

kartaabal

satchel

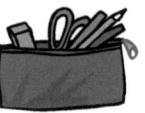

moftirdo kereyonji

pencil case

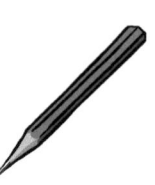

kereyo

pencil

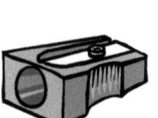

ceeɓnirgel kereyon

pencil sharpener

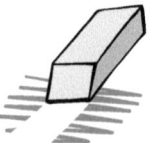

momtirgel

rubber

alluwal ciifirgal

drawing pad

ciifgol

drawing

limsere pentirteeɗo

paintbrush

suwo pentirɗo

paint box

sisooji

scissors

ɗakkorgal

glue

deftere ekkorgal

exercise book

golle janŋde

homework

niimara

number

2+2

ɓeydude

add

5-2

ustude

subtract

ɓeydude keeweendi

multiply

qimaade

calculate

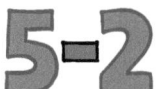

ɓataake

letter

karfeeje

alphabet

kongol

word

bindol

text

jangude

read

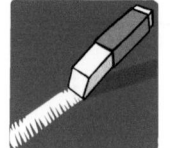

bindirgal

chalk

darsu

lesson

winditaade

register

egsame

examination

sartifika

certificate

comcol duɗal

school uniform

janŋde

education

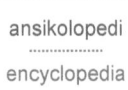

ansikolopedi

encyclopedia

duɗal jaaɓi haɗtirde

university

mikoroskop

microscope

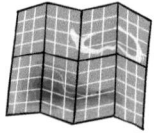

kartal

map

suwo kurjut

waste-paper basket

ɗannagol
travel

otel
hotel
Grand
obers
hostel
ROOMS
nokku beccugol e neldugol
currency exchange office
waxannde
suitcase
oto
car

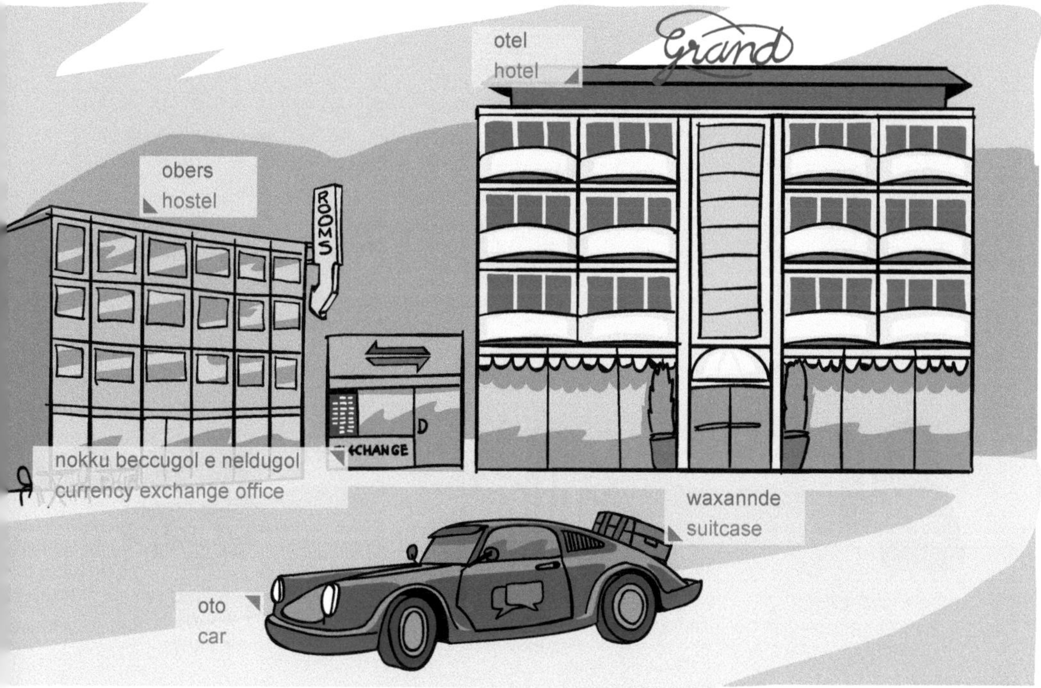

ɗemngal
language

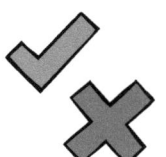

Eey / ala
yes / no

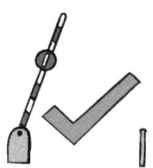

Moyƴi
Okay

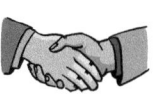

mbaɗɗa
hello

pirtoowo
translator

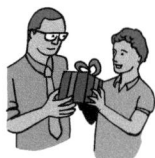

A jaraama
Thank you

no foti…?

how much is…?

Mi faamaani

I don´t get it

hanmi

problem

Jam hiri!

Good evening!

Jam waali!

Good morning!

Mbaalen e jam!

Good night!

ñande woɗnde

goodbye

laawol

direction

bagaas

luggage

saawdu

bag

saawdu wambateendu

backpack

koɗo

guest

suudu

room

njegenaaw

sleeping bag

caalel ladde

tent

kabaruuji tuurist
tourist information

tufnde
beach

kartal banke
credit card

kacitaari
breakfast

bottaari
lunch

hiraande
dinner

biye
Ticket

suutde
elevator

tampon
stamp

keerol
border

duwaan
customs

ambasad
embassy

wiisa
visa

paaspoor
passport

taraspoor

transport

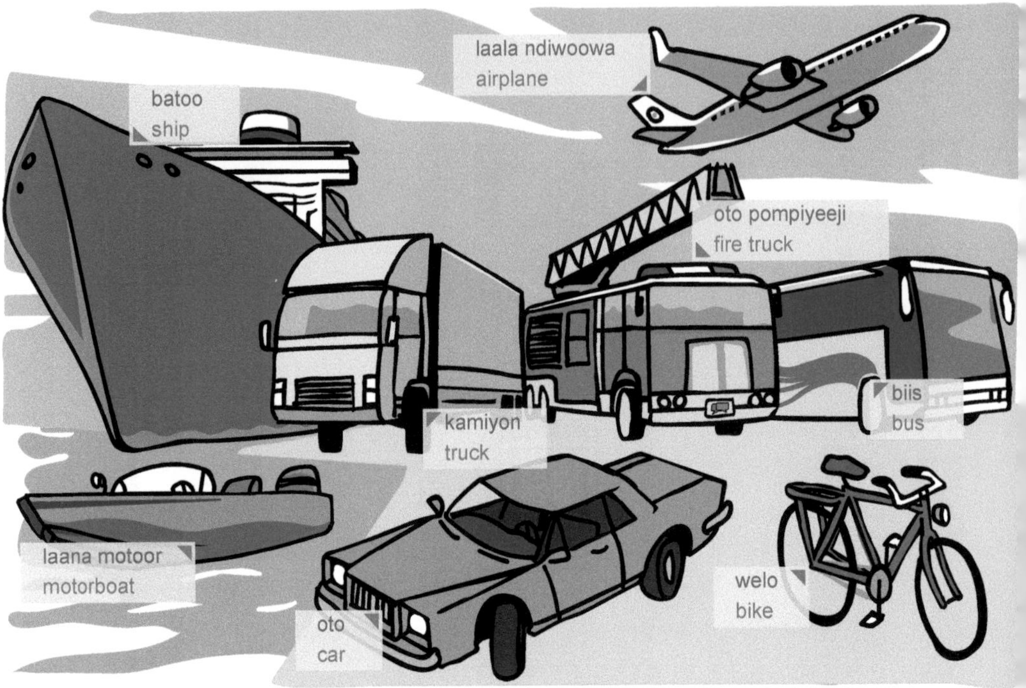

laala ndiwoowa
airplane
batoo
ship
oto pompiyeeji
fire truck
biis
bus
kamiyon
truck
laana motoor
motorboat
welo
bike
oto
car

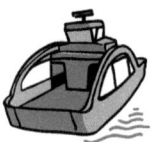

batoo

ferry

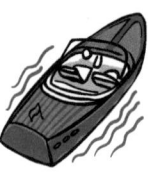

laana

boat

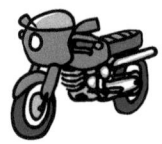

welo

motorbike

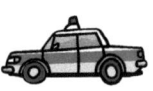

oto polis

police car

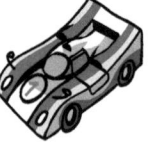

oto dogirteeɗo

racing car

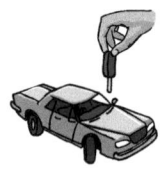

oto luwateeɗo

rental car

dendugol oto

car sharing

oto dandoowo goɗɗo

tow truck

oto kurjut

garbage truck

motoor

engine

karbiran

fuel

nokku esaans

fuel station

tintinooje yaangarta

traffic sign

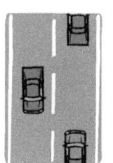

yaa ngarta

traffic

jiiɓo yaa ngarta

traffic jam

dingiral otooji

parking lot

dingiral laana leydi

train station

laaɓi

tracks

laana leydi

train

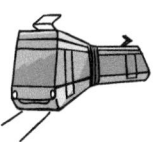

laana ndegoowa

tram

saret

wagon

elikopteer

helicopter

ayrepoor

airport

tuur

tower

wonɓe e laana

passenger

konteneer

container

karton

carton

duñirgel kaake

cart

basket

basket

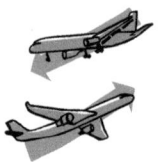

diwde / juuraade

take off / land

wuro mowngu

city

wuro

village

hakkunde wuru wowngo

city center

galle

house

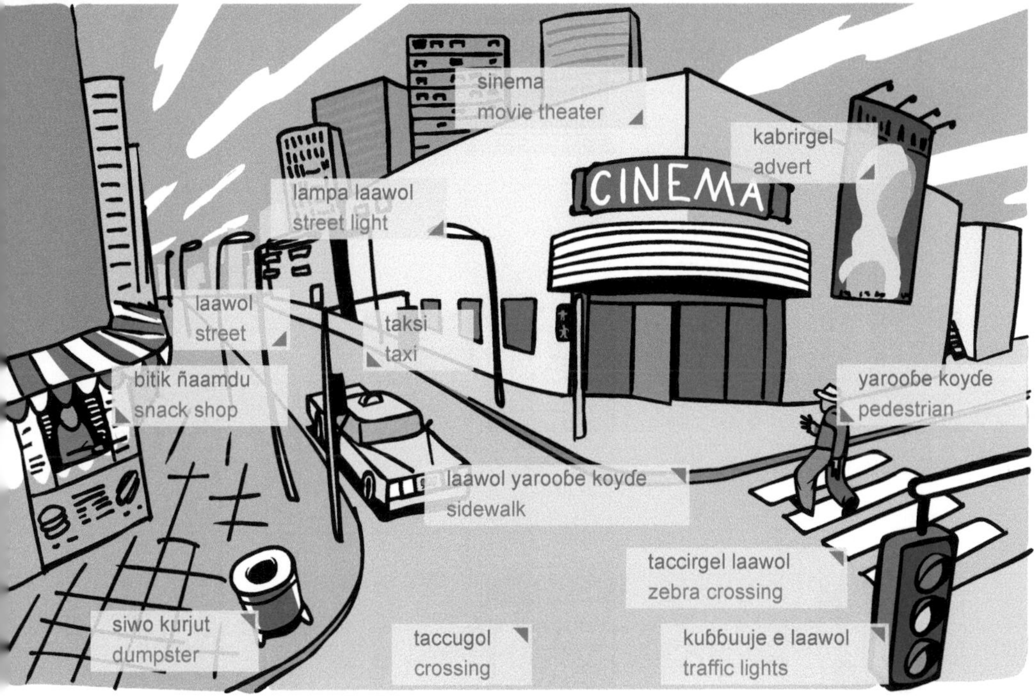

sinema
movie theater
kabrirgel
advert
CINEMA
lampa laawol
street light
laawol
street
taksi
taxi
bitik ñaamdu
snack shop
yarooɓe koyɗe
pedestrian
laawol yarooɓe koyɗe
sidewalk
taccirgel laawol
zebra crossing
siwo kurjut
dumpster
taccugol
crossing
kuɓɓuuje e laawol
traffic lights

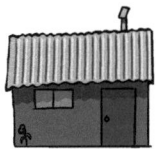

tiba

hut

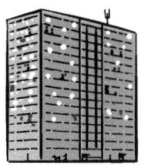

ko foti

apartment

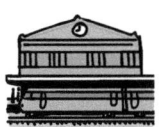

dingiral laana leydi

train station

meeri

city hall

MUSEUM

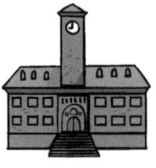

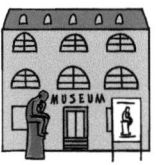

miise

museum

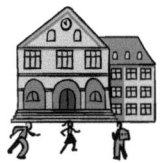

duɗal

school

duɗal jaaɓi haɗtirde
university

banke
bank

suudu safirdu
hospital

otel
hotel

farmasi
pharmacy

gollirgal
office

suudu defte
book shop

bitik
shop

jeyoowo fuloraaji
flower shop

sipermarse
supermarket

jeere
market

madase mawɗo
department store

jeyoowo liɗɗi
fishmonger's shop

nokku coodateeɗo
mall

poor
harbor

park
park

jooɗorgal
bench

taccirgal
bridge

ŋabbirɗe
stairs

laawol metero
subway

laawul les leydi
tunnel

fongo biis
bus stop

baar
bar

restora
restaurant

buwaat postaal
postbox

lewñowel laawol
street sign

to otooji ndaroto
parking meter

nokku kullon
zoo

pisin
swimming pool

jama
mosque

ngesa

farm

gakkingol hendu

pollution

bammule

cemetery

egiliis

church

dingiral

playground

tampl

temple

yiyande taariinde

landscape

baramlefol
leaf

tugayal tintinirgal
signpost

laawol
path

Huɗo sukkuko
meadow

haayre
stone

lekki
tree

ŋayloowo
hiker

maayo
river

hudo
grass

fuloor
flower

nokku kaañe mawɗe to
ndiyam dogata

valley

waande

hill

weedu

lake

ladde

forest

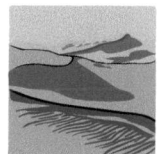

ladde yoornde

desert

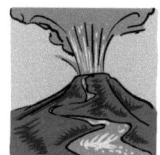

wolkan

volcano

satoo

castle

timtimol

rainbow

sampiñon

mushroom

leki palm

palm tree

ɓowngu

mosquito

diwde

fly

njabala

ant

mbuubu ñaak

bee

njabala

spider

hoowoyre keppoore

beetle

faabru

frog

doomburu ladde

squirrel

sammunde

hedgehog

fowru

hare

pubbuɓal

owl

colel

bird

kakeleewal ladde

swan

mbabba tugal

boar

lella

deer

Nagge nde galladi cate

moose

baraas

dam

masiŋel battowel hendu
jeynge

wind turbine

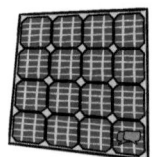

Lowowel nguleeki

solar panel

kilima

climate

restora
restaurant

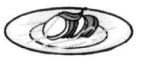

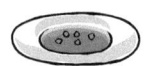

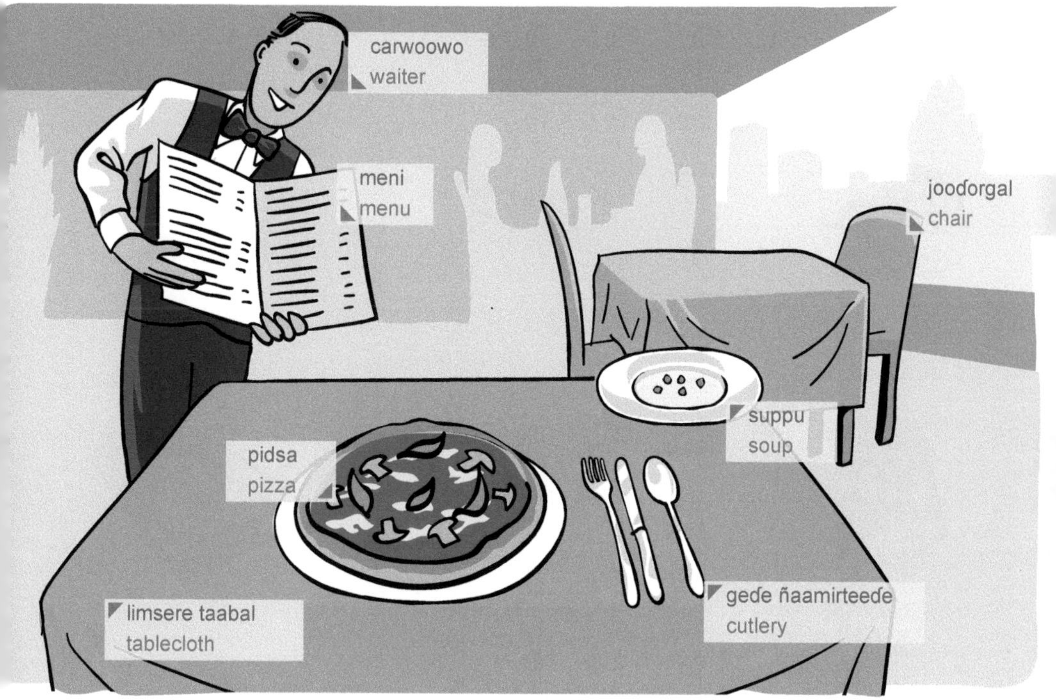
carwoowo
waiter
meni
menu
joodorgal
chair
suppu
soup
pidsa
pizza
geɗe ñaamirteeɗe
cutlery
limsere taabal
tablecloth

tongitirgel

starter

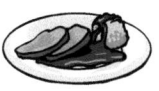

ñaamdu nguraandi

main course

tuftorogol

dessert

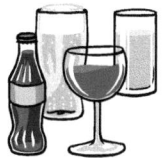

njaram

drinks

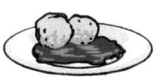

ñaamdu

food

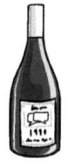

butel

bottle

fast fud

fast food

ñaamdu laawol

street food

baraade

teapot

cupayel suukara

sugar bowl

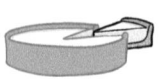

geɗel

portion

Masinŋ kafe

espresso machine

jooɗorgal toowngal

high chair

biye

bill

ñorgo

tray

paaka

knife

furset

fork

kuddu

spoon

nokkere kuddu

teaspoon

sarbet

serviette

weer

glass

palaat

plate

palaat suppu

soup plate

cupayel

saucer

soos

sauce

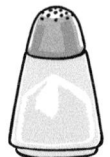

pot lamđam

salt shaker

moññirgal poobar

pepper mill

bineegara

vinegar

nebam

oil

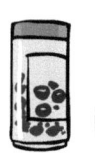

kaađnooje

spices

ketsap

ketchup

muttard

mustard

mayonees

mayonnaise

sipermarse
supermarket

ngustugul coggu
special offer
FOR
kiliyaan
customer
kosameeje
dairy products
ɓikkon leɗɗe
fruit
daasirgel
shopping cart

BUTCHERS

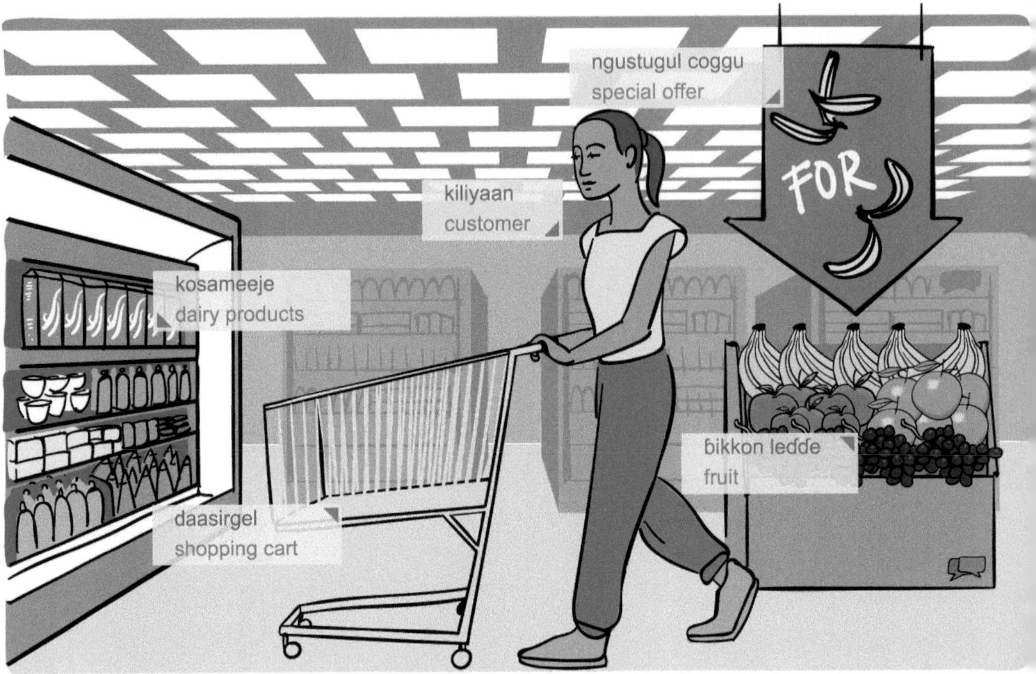

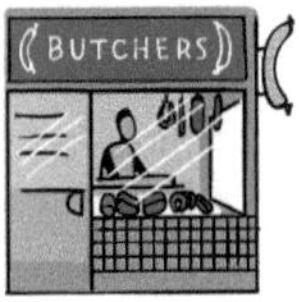

jeyoowo teew nagge

butcher's shop

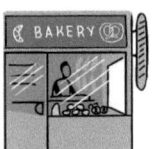

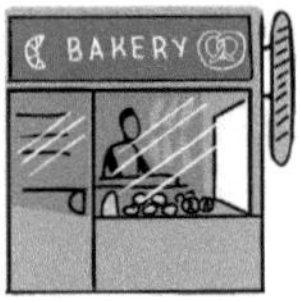

BAKERY

juɗoowo mburu

bakery

ɓetde

weigh

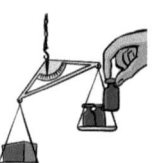

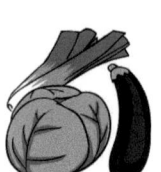

lijim

vegetables

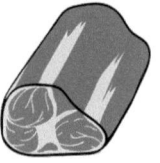

teew

meat

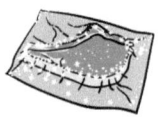

ñaamdu ɓumnaandu

frozen food

teew moftaaɗo

cold cuts

ñaamdu nder buwat

canned food

condi lawyirteendu

detergent

bonboonji

candy

geɗe ngurdaaɗe

household products

porodiwiiji laaɓnirni

cleaning products

julaaajo

sales representative

haa

cash register

kestotooɗo

cashier

limto coodateeɗi

shopping list

waktuuji golle

opening hours

kalbe

wallet

kartal banke

credit card

saak

bag

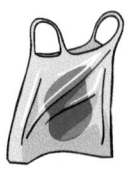

saak dalli

plastic bag

ndiyam

water

njaram

juice

kosam

milk

ƴulmere

coke

sangara

wine

sangara

beer

sangara

alcohol

kakao

cocoa

ataaya

tea

kafe

coffee

kafe jon jooni

espresso

kafe italinaaɓe

cappuccino

banaana

banana

pom

apple

oraas

orange

dende

melon

limonŋ

lemon

karot

carrot

laay

garlic

lekki bambu

bamboo

basalle

onion

sampiñon

mushroom

gerte

nuts

espageti

noodles

espageti

spaghetti

maaro

rice

salaat

salad

firit

fries

faatat cahaaɗo

fried potatoes

pidsa

pizza

amburgeer

hamburger

sandiwis

sandwich

buhal baddangal e lijim

escalope

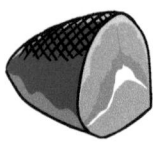

buhal teew

ham

kaane biyeteeɗo sosison

salami

sosis

sausage

gertogal

chicken

defaɗum

roast

liingu

fish

ndefu gabbe kuwakeer

porridge oats

njilbundi abuwaan e gabbe godɗe

muesli

kornfelek

cornflakes

farin

flour

kurwasa

croissant

pe o le

bread roll

mburu

bread

mburu juɗaaɗo

toast

mbiskit

cookies

nebam boor

butter

kosam kaaɗɗam

curd

gato

cake

boccoonde

egg

moccoonde fasnaande

fried egg

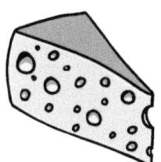

foromaas

cheese

kerem galaas

ice cream

suukara

sugar

njuumri

honey

teew nagge

jelly

nirkugol sokkola

nougat cream

suppu kaane

curry

ngesa
farm

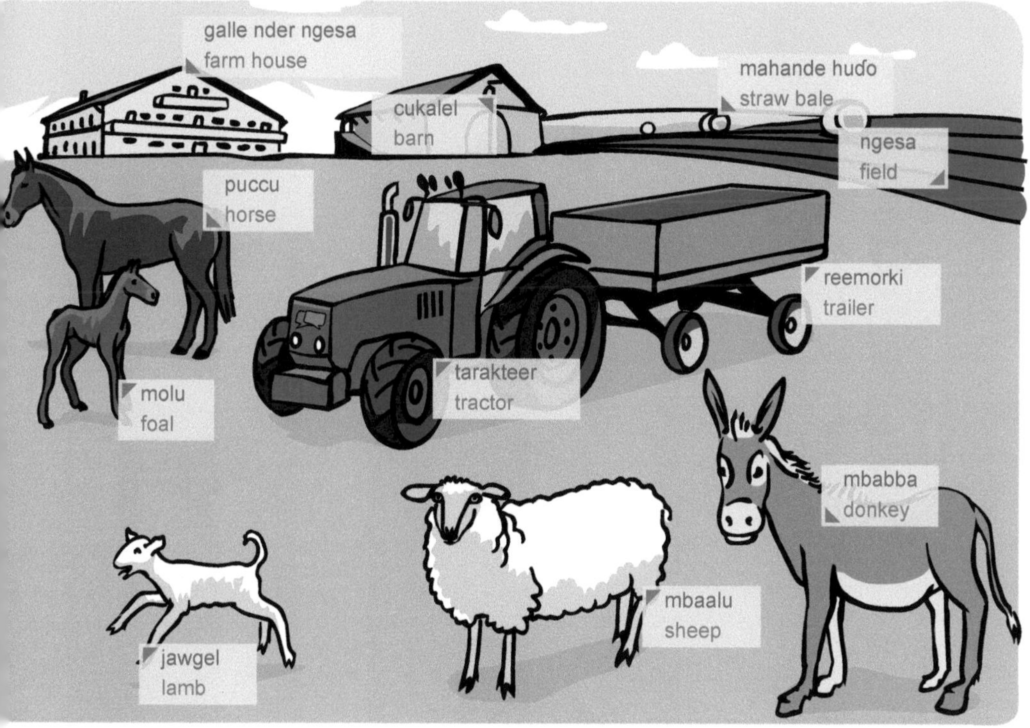
galle nder ngesa
farm house
cukalel
barn
mahande huɗo
straw bale
ngesa
field
puccu
horse
reemorki
trailer
molu
foal
tarakteer
tractor
mbabba
donkey
mbaalu
sheep
jawgel
lamb

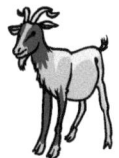

ndamdi

goat

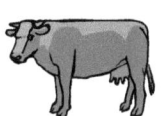

nagge

cow

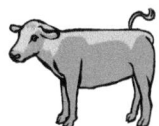

mbeewa

calf

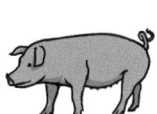

mbabba tugal

pig

ɓingel mbabba tugal

piglet

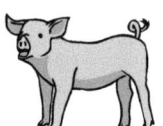

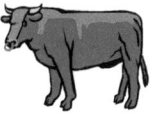

ngaari ladde

bull

jarlal ladde

goose

gerlal

duck

cofel

chick

jarlal

hen

ngori

cockerel

doomburu

rat

ullundu

cat

doomburu

mouse

nagge

ox

rawaandu

dog

nokku dawaaɗi

dog house

tiwo sardin

garden hose

doosirgal

watering can

wofdu mawndu

scythe

masinŋ demoowo

plow

wofdu

sickle

coppirgal

hoe

rato

pitchfork

hakkunde

axe

buruwet

pushcart

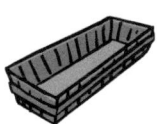

mbalka

trough

kosam buwat

milk can

saak

sack

kalasal galle

fence

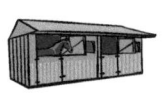

nokku pucci

stable

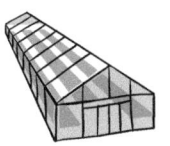

inexistant

greenhouse

leydi

soil

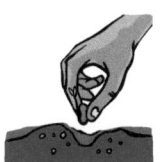

abbere

seed

nguurtinooje leydi

fertilizer

masinŋ coñirteeɗo

combine harvester

soñde

harvest

soñde

harvest

ñambi

yams

bele

wheat

soja

soya

faatat

potato

maka

corn

abbere lekki kolsa

rapeseed

lekki firwiiji

fruit tree

ñambi

manioc

sereyaal

grain

galle
house

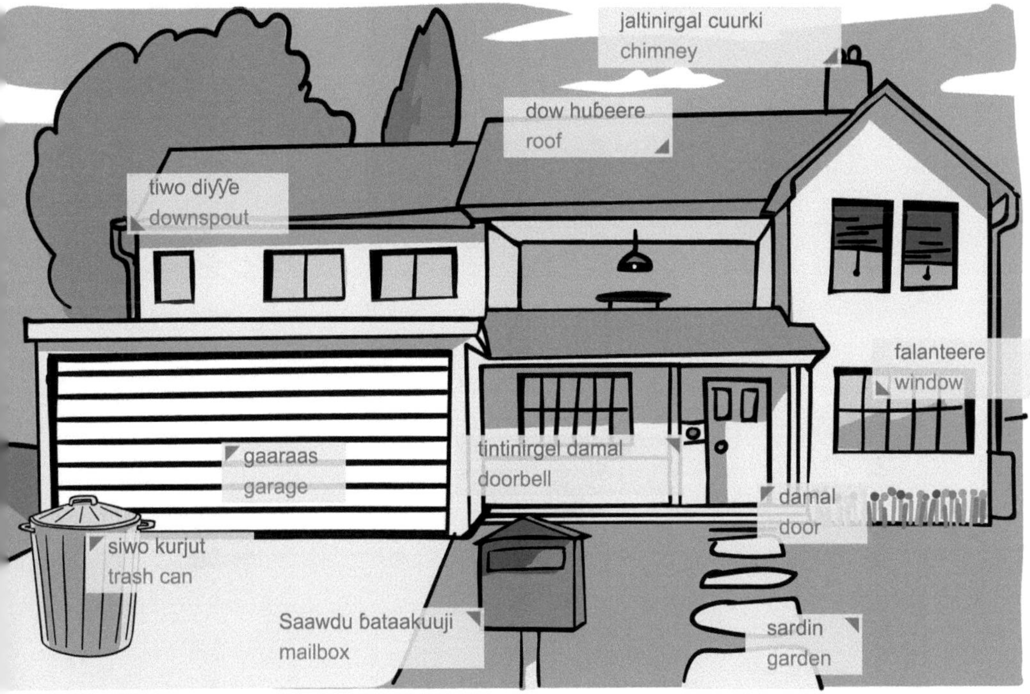
jaltinirgal cuurki
chimney
dow huɓeere
roof
tiwo diyƴe
downspout
falanteere
window
gaaraas
garage
tintinirgel damal
doorbell
damal
door
siwo kurjut
trash can
Saawdu ɓataakuuji
mailbox
sardin
garden

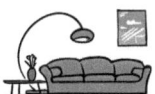

suudu yeewtere
living room

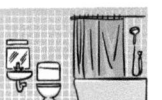

tarodde
bathroom

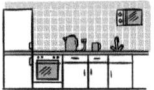

waañ
kitchen

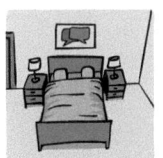

suudu waalduru
bedroom

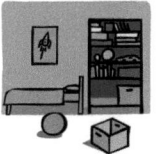

suudu sakaaɓe
kids room

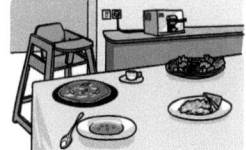

suudu hiraande
dining room

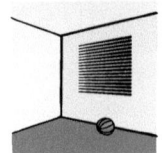

karawal

floor

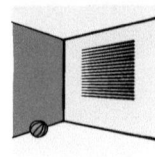

ɓalal

wall

asamaan suudu

ceiling

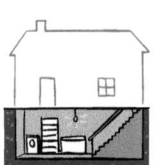

faawru

cellar

soona e ɗemngal farase

sauna

balko

balcony

teeraas

terrace

pisin

pool

keefoowo huɗo

lawn mower

darap

sheet

darap

bedspread

leeso

bed

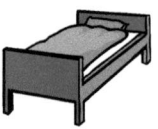

pittirgal

broom

suwo

bucket

ñifirgel

switch

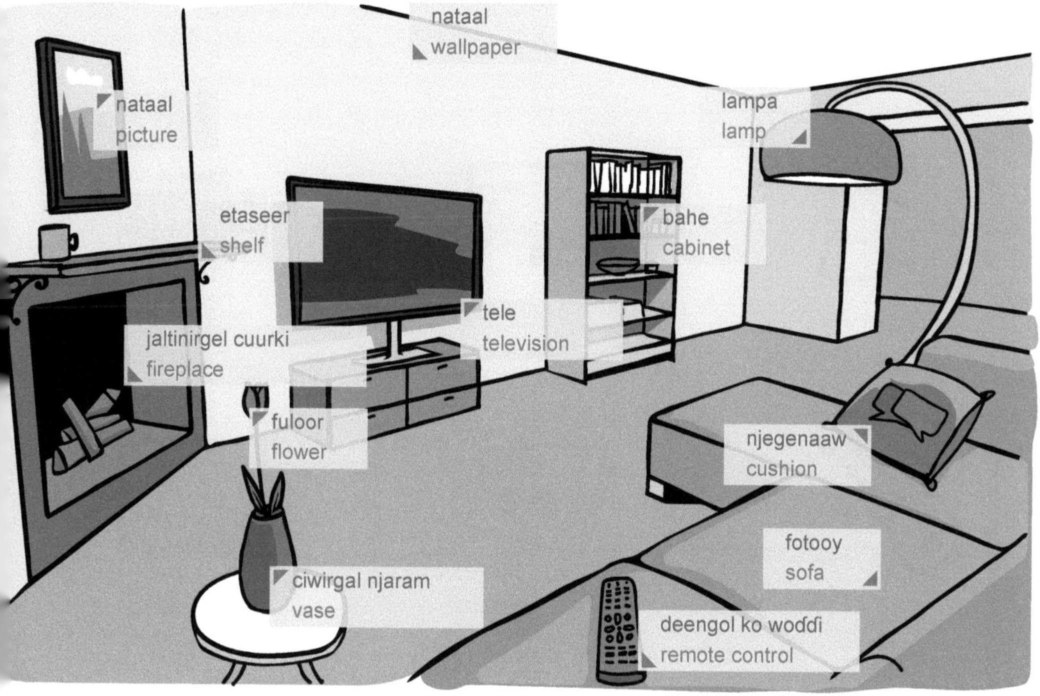

nataal
wallpaper

nataal
picture

lampa
lamp

etaseer
shelf

bahe
cabinet

jaltinirgel cuurki
fireplace

tele
television

fuloor
flower

njegenaaw
cushion

fotooy
sofa

ciwirgal njaram
vase

deengol ko woɗɗi
remote control

tappi

carpet

rido

drape

taabal

table

jooɗorgal

chair

jooɗorgal timmungal

rocking chair

jooɗorgal tuggateengal

armchair

deftere

book

cuddirgal

blanket

jooɗnugol

decoration

ledɗe kuɓɓateeɗe

firewood

filmo

film

materiyel hi-fi

stereo system

coktirgal

key

kaayit kabaruuji

newspaper

pentirgol

painting

posteer

poster

rajo

radio

teskorgel

notebook

boɗowel pusiyeer

vacuum cleaner

kaktis

cactus

sondel

candle

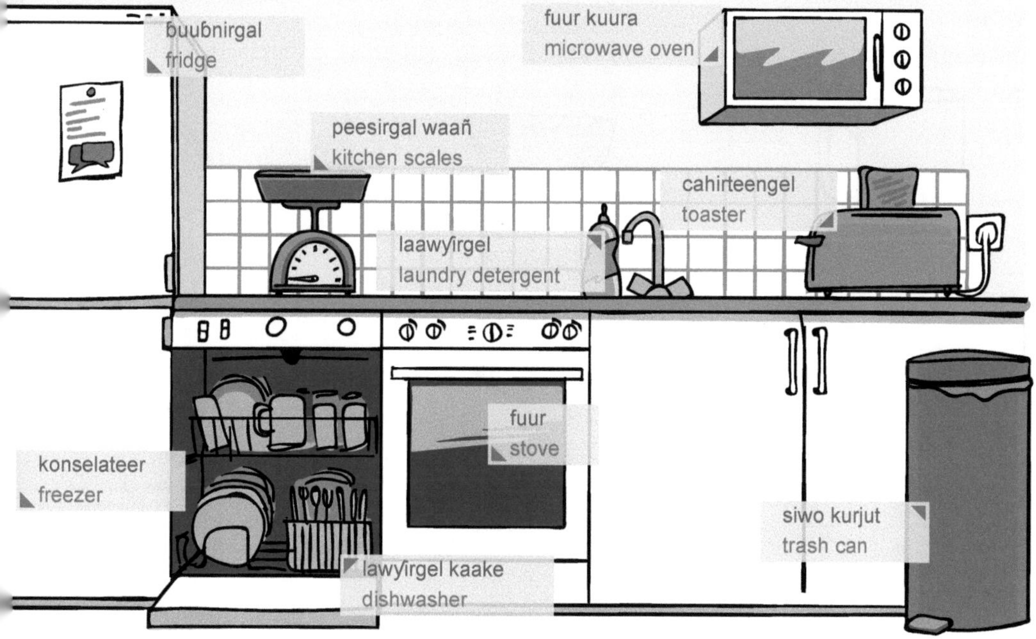

buubnirgal
fridge

fuur kuura
microwave oven

peesirgal waañ
kitchen scales

cahirteengel
toaster

laawyîrgel
laundry detergent

konselateer
freezer

fuur
stove

siwo kurjut
trash can

lawyîrgel kaake
dishwasher

fuurno

cooker

pot

pot

barme

cast-iron pot

kasorol

wok / kadai

kasorol

pan

satalla

kettle

suppere defirteende

steamer

pool defirteeɗo

baking tray

lawyũgol kaake

crockery

pot jarduɗo

mug

suppeere

bowl

ñibirgon ñaamdu

chopsticks

kuddu luus

ladle

kayit ɗakirteeɗo

spatula

iirtude

whisk

ceɗirgel

strainer

tame

sieve

keefirgel

grater

moññirgal

mortar

juɗgol

barbecue

jeyngol e henndu

fireplace

coppirgal

chopping board

degnirgel ñaamdu
feewnateendu

rolling pin

udditirgel butel

corkscrew

buwaat

can

udditirgel buwat

can opener

nangirgel pot

oven cloth

siimtude

sink

boros

brush

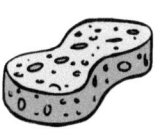

eppoos

sponge

jiibirgel

blender

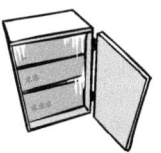

battowel galaas

deep freezer

jardugel tiggu

baby bottle

robine

tap

tarodde
bathroom

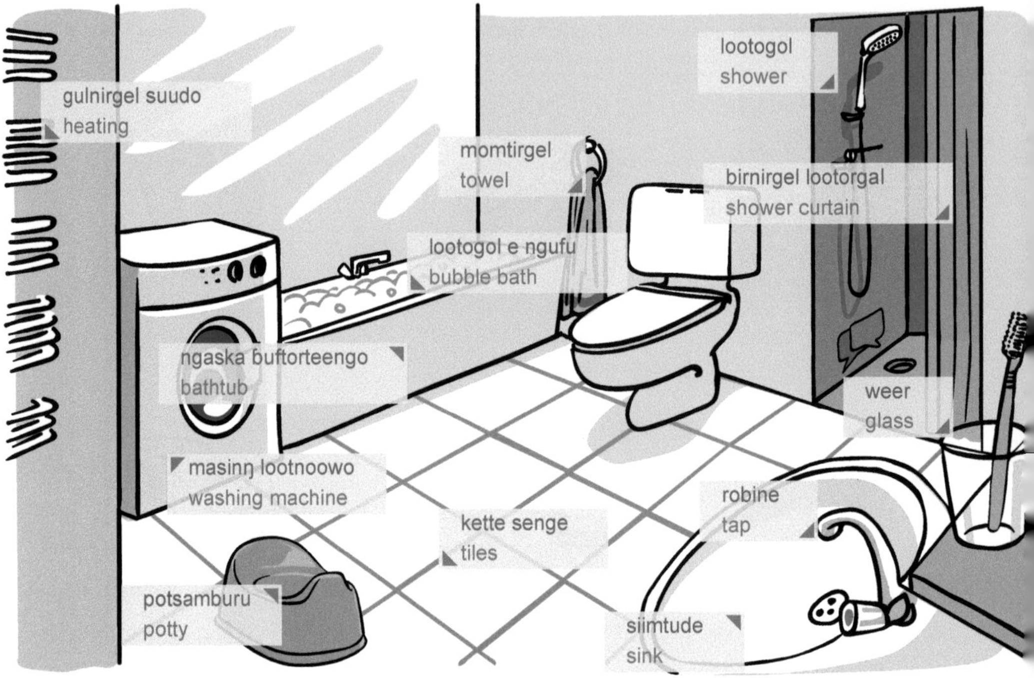

gulnirgel suudo
heating
momtirgel
towel
lootogol
shower
birnirgel lootorgal
shower curtain
lootogol e ngufu
bubble bath
ngaska buftorteengo
bathtub
masinŋ lootnoowo
washing machine
kette senge
tiles
weer
glass
robine
tap
potsamburu
potty
siimtude
sink

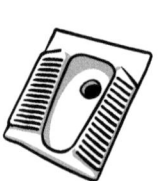

taarorde
toilet

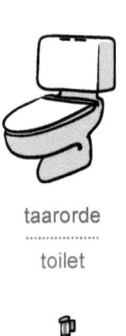

joɗorgal kuwirteengal
squat toilet

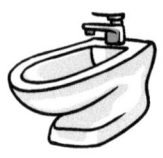

biisirgel ndiyam
bidet

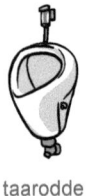

taarodde
urinal

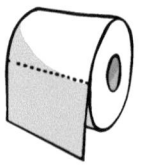

kaayit momtirɗo
toilet paper

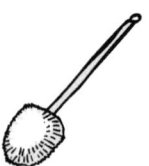

boros taarorde
toilet brush

coccorgal ƴiiye

toothbrush

sabunde ƴiiye

toothpaste

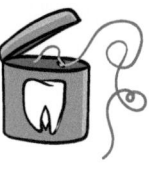

gaarowol ñiire

dental floss

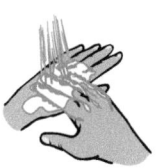

lawƴude

wash

ɓoggol lootirteengol

hand shower

ɓuftogol

douche

loowirteengel

basin

demirgel huɗo

back brush

sabunnde

soap

saabunde ɓuftorteende

shower gel

sampoye

shampoo

limsere wiro

flannel

ciiygol

drain

kerem

creme

uurnirgel

deodorant

tarodde - bathroom

daandorgal

mirror

daandorgal pamoral

hand mirror

pembirgel

razor

ngufu pembol

shaving foam

moomiteengel pembol

aftershave

yeesoode

comb

boros

brush

joornirgel sukunndu

hair-dryer

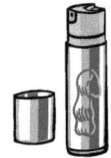

peewnirgel sukunndu

hairspray

makiyaas

makeup

joodirgel toni

lipstick

momtirgel cegeneeji

nail varnish

garowol wiro

cotton wool

siso cegeneeji

nail scissors

parfon

perfume

waxande lootorgal

washbag

kuudi

stool

peesirgal

weighing scales

wutte cuftorteeɗo

bathrobe

gaŋuuji dalli

rubber gloves

momtirer ƴiiƴam ella

tampon

kuus tiggu

sanitary towel

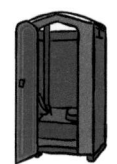

lootogol simik

chemical toilet

suudu sakaaɓe

kids room

pindinirgel
alarm clock
kullel fijirde
cuddly toy
oto pijirgel
toy car
dillere
rattle
galle pijirgel
doll's house
hannde
present

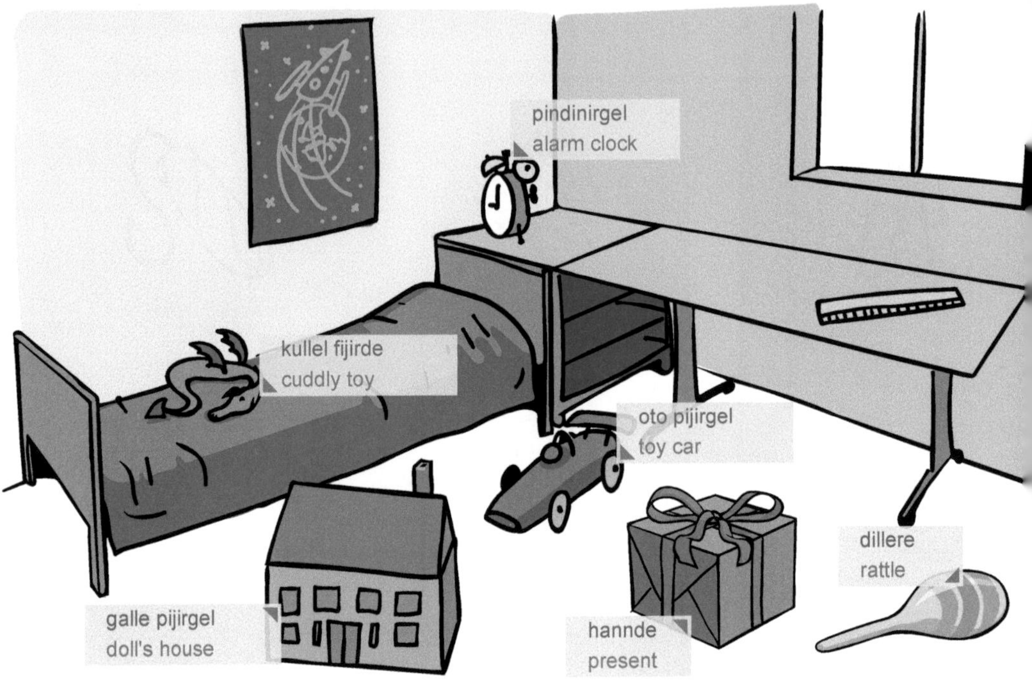

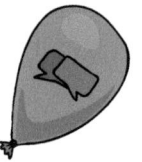

sumalle dalli

balloon

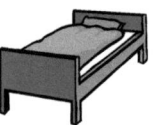

leeso

bed

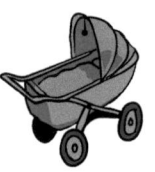

duñirgel tiggu

stroller

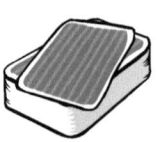

nokkere karte

deck of cards

fijirde lombondirgol

jigsaw

SUPER
MEGA

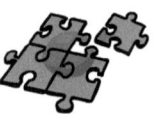

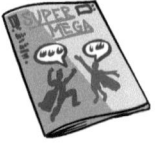

njalniika

comic

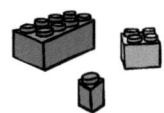

pijirgel tuufeeje

lego bricks

tuufeeje

toy blocks

pijirgel

action figure

comcol tiggu

romper suit

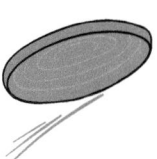

palaat diwwoow

frisbee

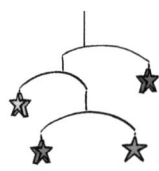

noddirgel

mobile

pijirgel

board game

dee

dice

ñemtinirgel laana ndegoowa

model train set

neɗɗo fuuunti

pacifier

fijirde

party

deftere nate

picture book

bal

ball

puppe

doll

fijde

play

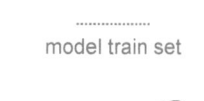

mbalka ceenal

sandpit

beeltirgal

swing

pijirgel

toys

pijiteengel see widewo

video game console

welo biifi tati

tricycle

pijirgel kullel urs

teddy bear

armuwaar

wardrobe

comcol

clothing

kawase

socks

kawase

stockings

tuubayon ɓittukon

tights

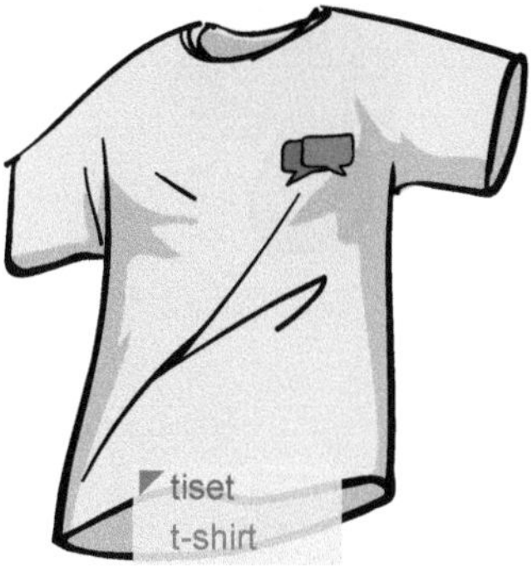

musuuro
scarf

dadorde
belt

paraseewal
umbrella

tiset
t-shirt

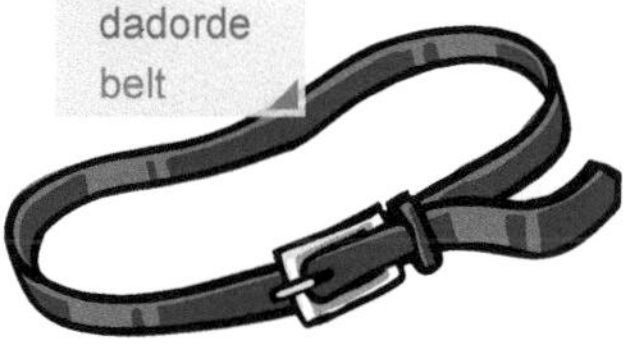

paɗe toowɗe
boots

paɗe suudu
slippers

paɗe bokkateeɗe
sneakers

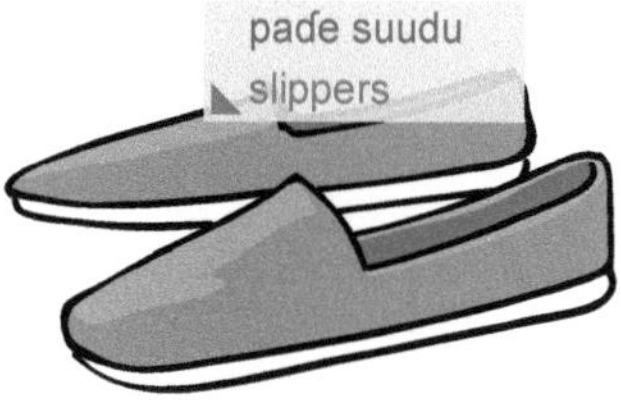

paɗe diwa
....
sandals

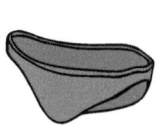

paɗe
....
shoes

paɗɗe toowɗe lirotooɗe
....
rubber boots

cakkirɗi
....
underwear

sucengors
....
bra

silet
....
undershirt

banndu

body

tuuba

pants

jiin

jeans

robbo

skirt

buluson

blouse

simis

shirt

piliweer

pullover

weste nebbu

sweater

layset

blazer

jaget

jacket

weste juuɗɗo

coat

wutte toɓo

raincoat

kostim

costume

robbo

dress

robbo yange

wedding dress

weste

suit

wutte baalduɗo

nightgown

pijama

pajamas

sari

sari

muusooro

headscarf

kaala

turban

kaala

burka

sabndoor

kaftan

abbaay

abaya

comcol lumbirogol

swimsuit

cakkirɗi

trunks

kilot

shorts

joogin

tracksuit

limsere deffowo

apron

gaɲuuji

gloves

ɓoɗɗirgel

button

lone

glasses

jawo

bracelet

cakka

necklace

feggere

ring

hootonde

earring

laafa

cap

liggirgal weste

coat hanger

laafa

hat

karawat

tie

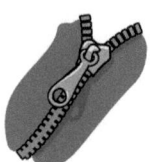

zip

zip

laafa ndeenka

helmet

gann

braces

comcol duɗal

school uniform

iniform

uniform

sarbetel daande
bib

neɗɗo fuuunti
pacifier

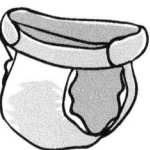

kuus
diaper

gollirgal
office

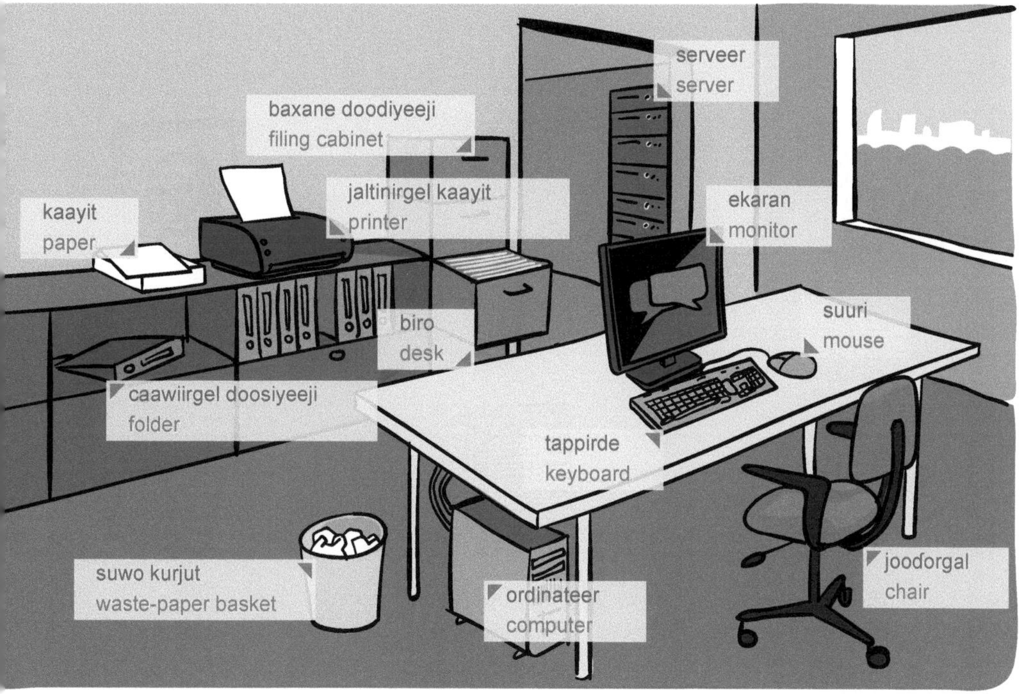

serveer
server

baxane doodiyeeji
filing cabinet

jaltinirgel kaayit
printer

ekaran
monitor

kaayit
paper

biro
desk

suuri
mouse

caawiirgel doosiyeeji
folder

tappirde
keyboard

suwo kurjut
waste-paper basket

ordinateer
computer

jooɗorgal
chair

kuppu kafe
coffee mug

qiimorgal
calculator

enternet
internet

ordinateer beelnateeɗo

laptop

ɓataake

letter

ɓataake

message

noddirgel

cell phone

reso

network

cottitirgel

photocopier

losisiyel

software

noddirgel

telephone

ceŋirgel ɓoggol kuura

plug socket

masinŋ faks

fax machine

mbaadi

form

dokiman

document

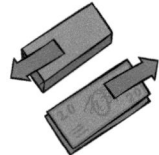

soodde

buy

sooɗde

pay

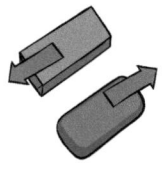

yeyde

trade

kaalis

money

USD

dolaar

dollar

EUR

eroo

euro

JPY

yen

yen

RUB

ruubal

rouble

CHF

faran Siwis

Swiss franc

CNY

yuwaan renminbi

renminbi yuan

INR

rupii

rupee

masinŋ keestorɗo kaalis

cash point

nokku beccugol e neldugol

currency exchange office

kanŋe

gold

kaalis

silver

esaans

oil

sembe

energy

coggu

price

kontara

contract

taks

tax

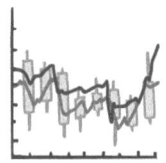

marsandiss moftaaɗo

stock

gollude

work

gollinteeɗo

employee

gollinoowo

employer

isin

factory

bitik

shop

dadiiɗo
police officer

ñifooɓe jeyle
fireman

defoowo
cook

cafroowo
doctor

pilot
pilot

toppitiiɗo sardin
·················
gardener

minise
·················
carpenter

ñootoowo
·················
seamstress

ñaawoowo
·················
judge

simist e ɗemngal farayse
·················
chemist

aktoor
·················
actor

dognoowo biis

bus driver

dognoowo taksi

taxi driver

gawoowo

fisherman

pittoowo

cleaning lady

cengirɗe huɓeere

roofer

carwoowo

waiter

daddoowo

hunter

pentiroowo

painter

piyoowo mburu

baker

gollowo kuura

electrician

mahoowo

builder

enseñeer

engineer

jeyoowo teew keso

butcher

polombiyer

plumber

nawoowo ɓatakuuji

postman

kooninke
soldier

diidoowo ɓahanteeri
architect

kestotooɗo
cashier

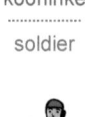

jeyoowo fuloraaji
florist

mooroowo
hairdresser

dognoowo
conductor

mekanisiyenŋ
mechanic

kapiteen
captain

cafroowo ƴiiƴe
dentist

miijotooɗo
scientist

kellifaaɗo diine to israayel
rabbi

imaam
imam

muwaan e e ɗemngal
farayse
monk

kellifaaɗo diine heerereeɓe
pastor

kuutorɗe

tools

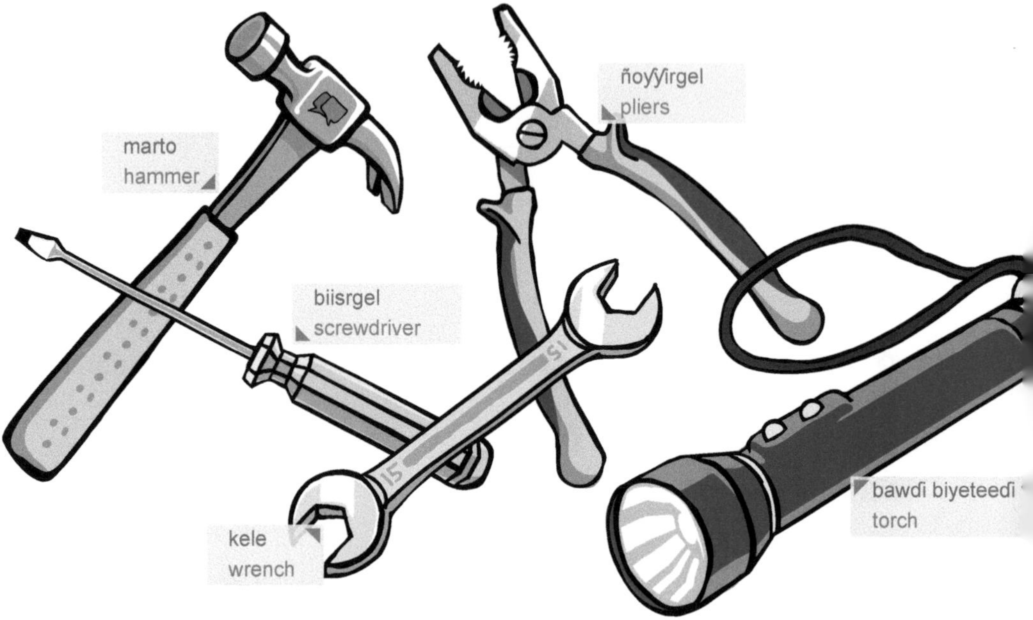
ñoyƴirgel
pliers
marto
hammer
biisrgel
screwdriver
kele
wrench
bawɗi biyeteeɗi
torch

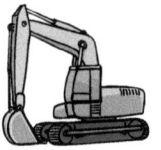

pikku

excavator

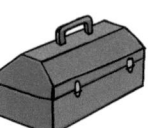

baxanel kaɓorɗe

toolbox

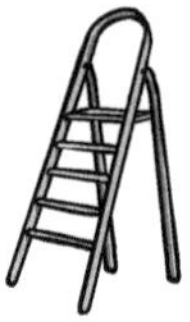

ŋabbirgal

ladder

tayƴirgal

saw

ƴibirɗe

nails

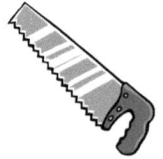

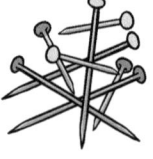

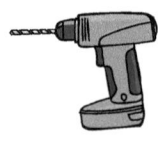

julirgal

drill

fewnitde

repair

nokkirgel

shovel

Soo!

Damn!

ɓoftirgel kurjut

dustpan

pot penttiir

paint can

wiisuuji

screws

kongirgon misik
musical instruments

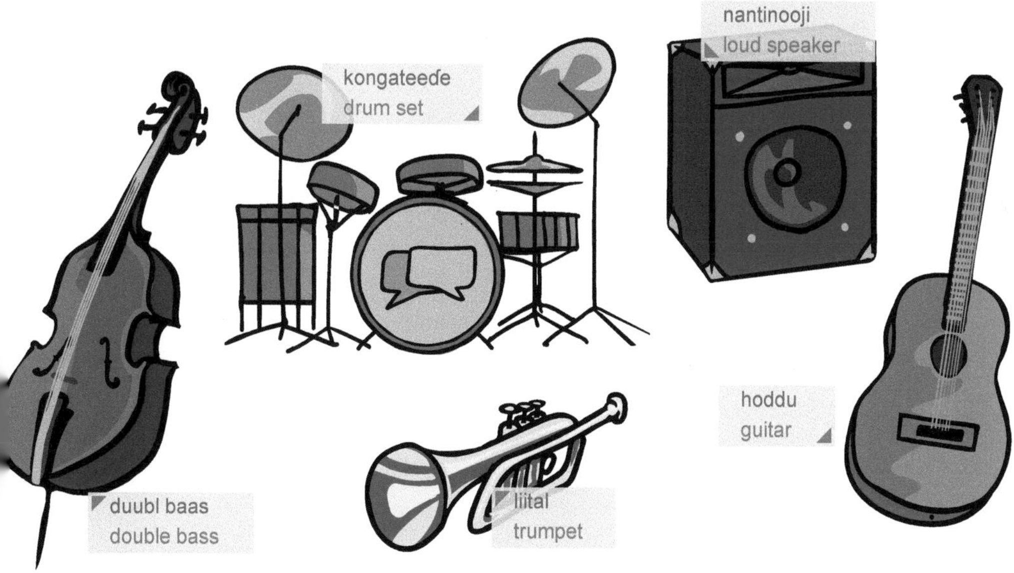

kongateeɗe
drum set

nantinooji
loud speaker

duubl baas
double bass

liital
trumpet

hoddu
guitar

piayaano

piano

wiyolon

violin

baas

bass

bowɗi biyeteeɗi timpani

timpani

bawɗi

drums

tappirgal

keyboard

saksofoon

saxophone

nguurdu

flute

mikoro

microphone

nokku kullon

zoo

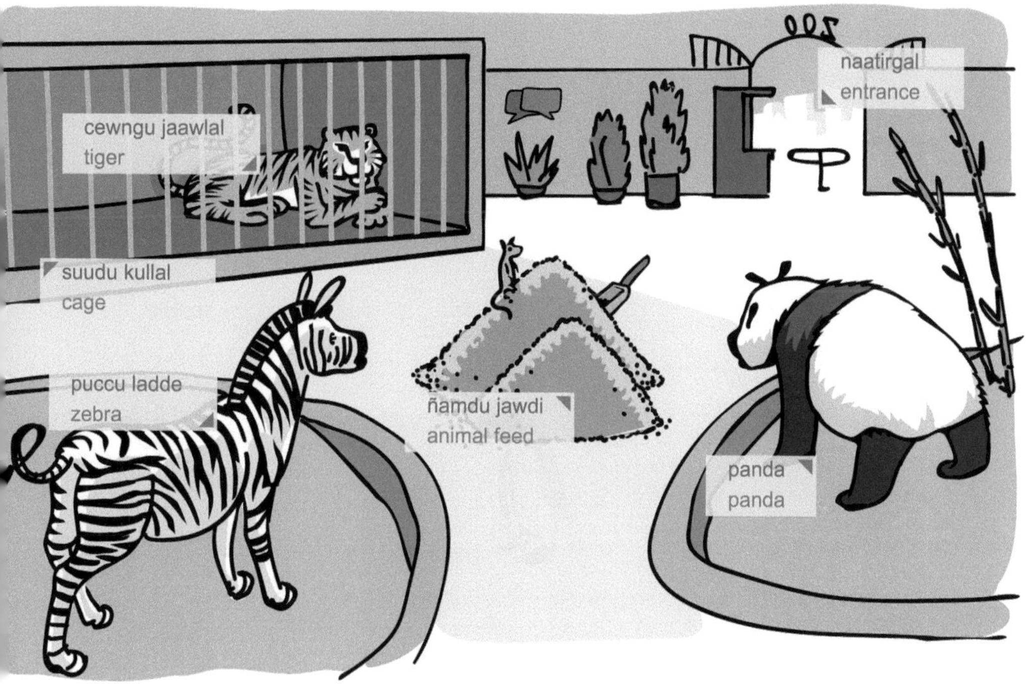

cewngu jaawlal
tiger
naatirgal
entrance
suudu kullal
cage
puccu ladde
zebra
ñamdu jawdi
animal feed
panda
panda

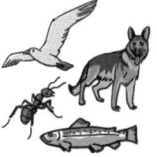

kulle

animals

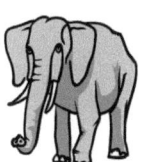

ñiiwa

elephant

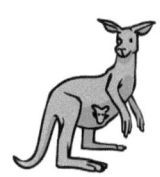

kanguru

kangaroo

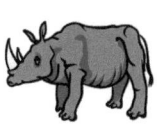

rinoseros

rhino

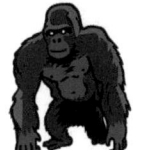

waandu mowndu

gorilla

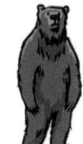

urs

bear

ngelooba

camel

sundu ɓurndu mownude

ostrich

mbaroodi

lion

waandu

monkey

ñaaral pural

flamingo

seku

parrot

urso galaas

polar bear

liingu wiyeteendu penguwe

penguin

lingu reke

shark

ndiwri wiyeteendu pawon

peacock

laadoori

snake

nooro

crocodile

deenoowo zoo

zookeeper

togoori ndiyam wiyeteendu
fok e farayse

seal

cewngu

jaguar

molu

pony

cewngu

leopard

ngabu

hippo

njabala

giraffe

ciilal

eagle

mbabba tugal

boar

liingu

fish

heende

turtle

kullal biyeteengal morse

walrus

renaar

fox

lella

gazelle

Fuggukoyngel Amerknaaɓe
American football

dognugol welo
cycling

tenis
tennis

beysbol
basketball

lumbagol
swimming

boks
boxing

fuggukoyngel e galaas
ice hockey

Fuggukoyngel

soccer

badminton

badminton

atelettuuji

athletics

hanbol

handball

fijirɗe deggol e nees

skiing

polo

polo

jalde
laugh

diwde
jump

buucaade
hug

yaade
walk

yimde
sing

hoyɗitaade
dream

juulde
pray

buucaade
kiss

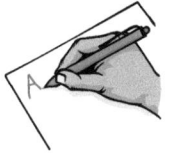

windude
write

siifde
draw

hollude
show

duñde
push

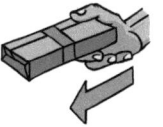

rokkude
give

yettude
take

golle - activities

deñde

have

waɗde

do

wonde

be

ummaade

stand

dogde

run

fooɗde

pull

weddaade

throw

yande

fall

fende

lie

sabbaade

wait

roondaade

carry

jooɗaade

sit

boornaade

get dressed

ɗaanaade

sleep

finde

wake up

ƴeewde

look at

woyde

cry

helde

stroke

yeesaade

comb

haalde

talk

faamde

understand

naamnaade

ask

heɗaade

listen

yarde

drink

ñaamde

eat

hawrinde

tidy up

yiɗde

love

defde

cook

dognude

drive

diwde

fly

awy̌ude

sail

qimaade

calculate

jangude

read

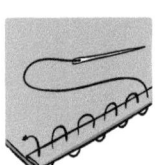

jangude

learn

gollude

work

resde

marry

ñootde

sew

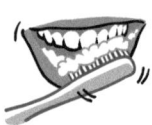

soccaade y̌iiy̌e

brush teeth

warde

kill

simmaade

smoke

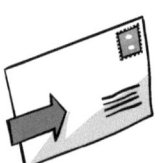

neldude

send

iraaɗo debbo
dmother

taaniraaɗo gorko
grandfather

baabiraaɗo
father

yummiraaɗo
mother

tiggu
baby

biɗɗo debbo
daughter

biɗɗo gorko
son

koɗo

guest

goggiraaɗo

aunt

kaawiraaɗo

uncle

mowniraaɗo gorko

brother

mowniraaɗo debbo

sister

ɓandu

body

tiinde
forehead
yiitere
eye
walabo
shoulder
feɗendu
finger
yeeso
face
waare
chin
jungo
hand
koyngal
leg
endu
breast
jungo
arm

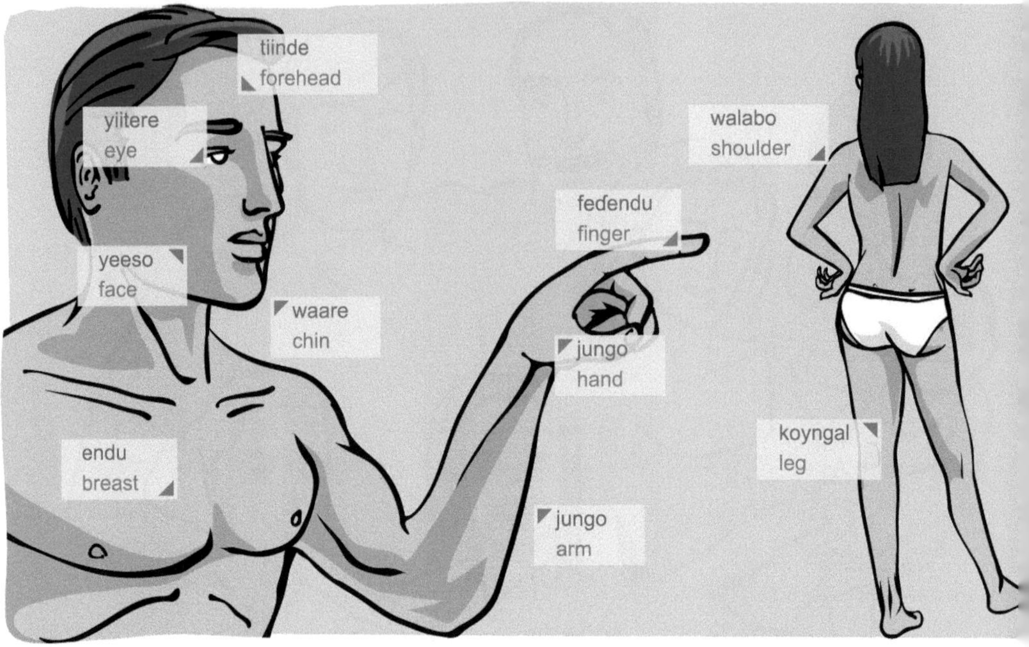

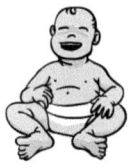

tiggu

baby

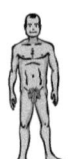

gorko

man

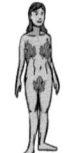

debbo

woman

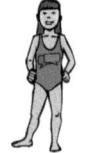

deftere kongoli

girl

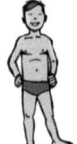

suka gorko

boy

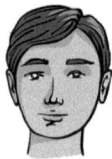

hoore

head

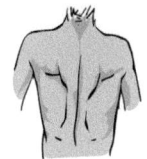

keeci

back

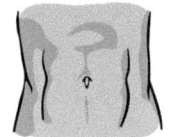

reedu

belly

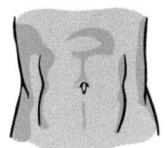

wuddu

navel

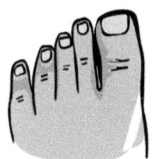

feɗendu koyngal

toe

jaɓɓorgal

heel

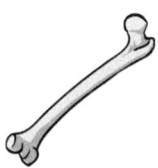

ƴiyal

bone

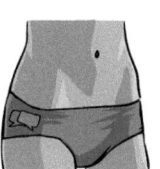

rotere

hip

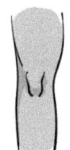

hofru

knee

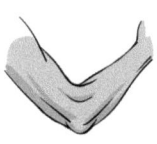

salndu junngu

elbow

hinere

nose

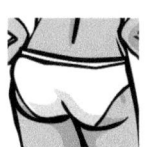

dote

buttocks

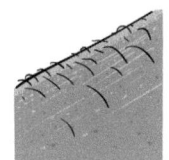

nguru

skin

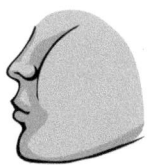

aɓɓulo

cheek

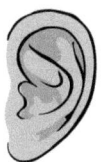

nofru

ear

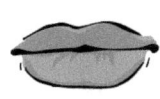

tonndu

lip

ɓandu - body

hunuko

mouth

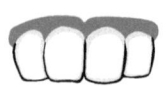

ñiire

tooth

ɗemngal

tongue

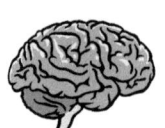

ngaandi

brain

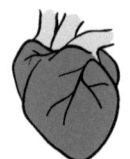

bernde

heart

yiyal

muscle

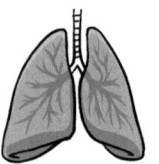

wecco

lung

heeñere

liver

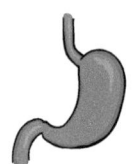

estoma

stomach

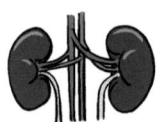

tekteki mawni

kidneys

terɗe

sex

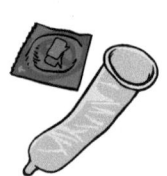

laafa ndeenka

condom

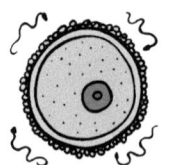

ɓoccoonde maniya

ovum

maniya

semen

reedu

pregnancy

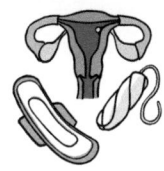

yiiƴam ella

menstruation

farja

vagina

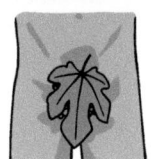

kaake

penis

leeɓi dow yiitere

eyebrow

sukunndu

hair

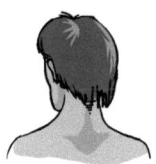

daande

neck

suudu safirdu

hospital

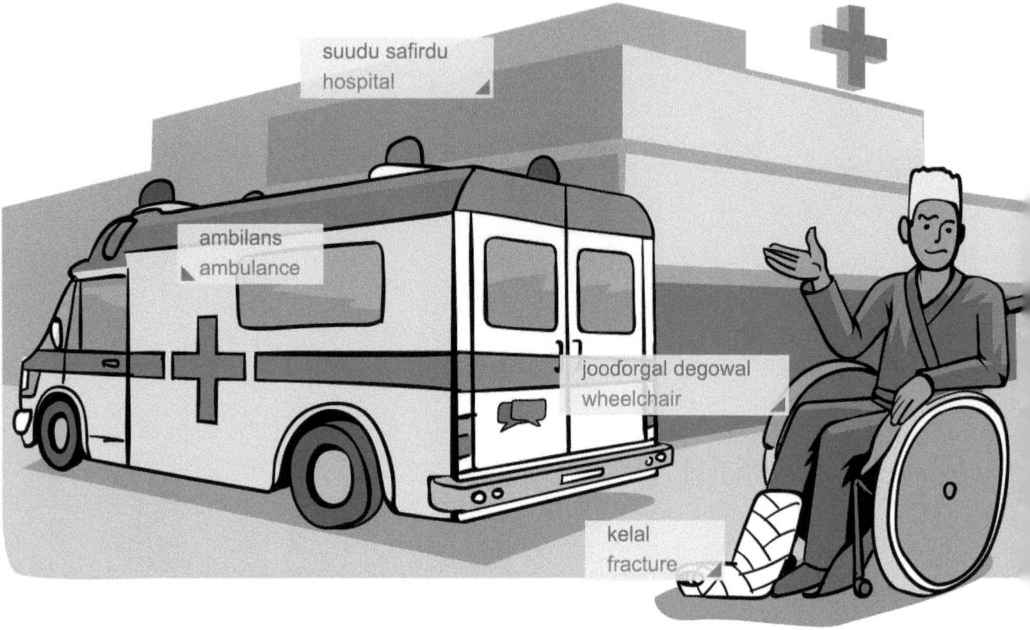

suudu safirdu
hospital
ambilans
ambulance
jooɗorgal degowal
wheelchair
kelal
fracture

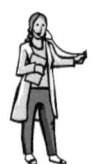

cafroowo

doctor

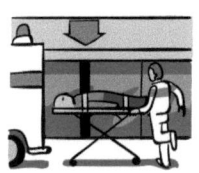

suudo irsaans

emergency room

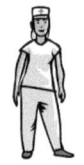

cafroowo

nurse

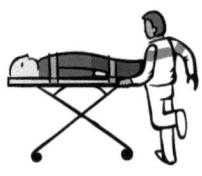

irsaans

emergency

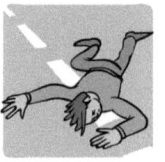

paɗɗiiɗo

unconscious

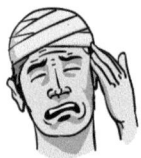

muuseeki

pain

gaañande

injury

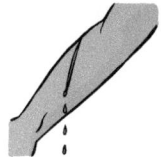

tuyƴude

bleeding

bernde dartiinde

heart attack

darogol bernde

stroke

alersi

allergy

ɗojjugol

cough

nguleeki ɓandu

fever

maɓɓo

flu

reedu dogooru

diarrhea

muuseeki hoore

headache

kanser

cancer

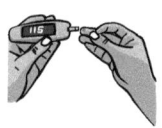

jabet

diabetes

operasiyon

surgeon

ceekirgel

scalpel

operasiyon

operation

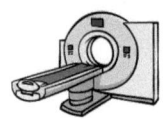

CT
CT

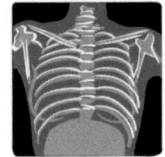

reyon-x
x-ray

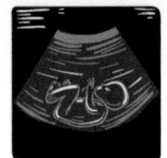

iltarason
ultrasound

mask yeeso
face mask

ñaw
disease

suudu sabbordu
waiting room

sawru tuggorgal
crutch

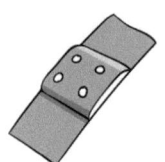

palatar
plaster

bandaas
bandage

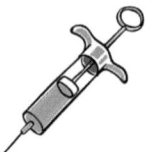

pikkitagol
injection

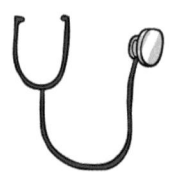

keɗirgel dille ɓandu
stethoscope

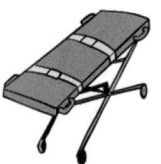

balankaaru
stretcher

betirgel nguleeki ɓanndu
clinical thermometer

jibinegol
birth

ɓandu ɓurtundu
overweight

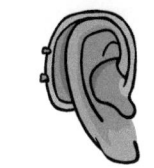

ɓallotirgel nonooje

hearing aid

desefektan

disinfectant

infeksiyon

infection

viris

virus

HIV / SIDA

HIV / AIDS

safaara

medicine

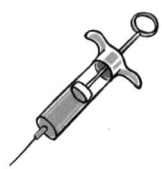

ñakko

vaccination

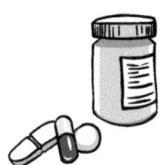

tabletuuji

tablets

foɗɗere

pill

noddaango heñoraango

emergency call

ɓetirgel dogdu ƴiiƴam

blood pressure monitor

sellaani / salli

ill / healthy

Paabođe!

Help!

tintinirgel

alarm

jangol

assault

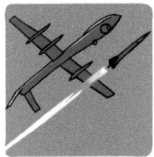

yande e

attack

musiiba

danger

damal dandirgal

emergency exit

Paabođe!

Fire!

ñifirgel jeynge

fire extinguisher

aksida

accident

geđe cafrorđe gadane

first-aid kit

BALLAL

SOS

Polis

police

Erop

Europe

Amerik to Rewo

North America

Amerik to Worgo

South America

Afiriki

Africa

Asi

Asia

Ostarali

Australia

Atalantik

Atlantic

Pasifik

Pacific

Oseyan Enje

Indian Ocean

Oseyan Antarktik

Antarctic Ocean

Osean Arkatik

Arctic Ocean

Bange Rewo

North pole

Bange Worgo

South pole

Antarktik

Antarctica

Leydi

earth

leydi

land

maayo mawngo

sea

wuro nder ndiyam

island

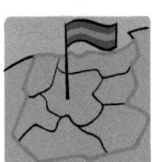

leydi

nation

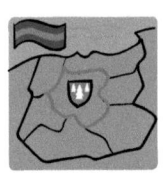

jamaanu

state

yeeso montoor

clock face

misalel waqtu

hour hand

misalel hojomaaji

minute hand

misalel majanɗe

second hand

Hol waqtu jonɗo?

What time is it?

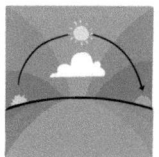

ñalawma

day

saha

time

jooni

now

montoor disitaal

digital watch

hojom

minute

waqtu

hour

yontere
week

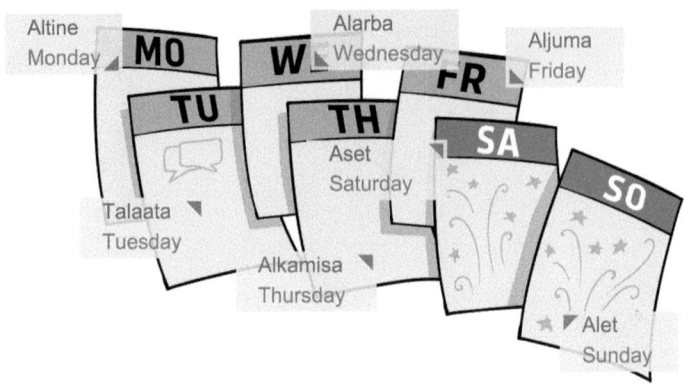

Altine
Monday

Alarba
Wednesday

Aljuma
Friday

Talaata
Tuesday

Aset
Saturday

Alkamisa
Thursday

Alet
Sunday

hanki

yesterday

hande

today

jango

tomorrow

subaka

morning

beetawe

noon

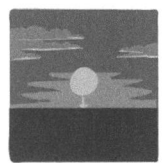

kikiiɗe

evening

ñalawmaaji golle

workdays

ñalamaaji fooftere

weekend

hitaande

year

toɓo
rain
timtimol
rainbow
hendu
wind
nees
snow
caggal dabbunde
spring
ndungu
summer
dabbunde
fall
dabbunde
winter

4.APRIL 11°
5.APRIL 4°
6.APRIL 13°
7.APRIL 8°
8.APRIL 10°

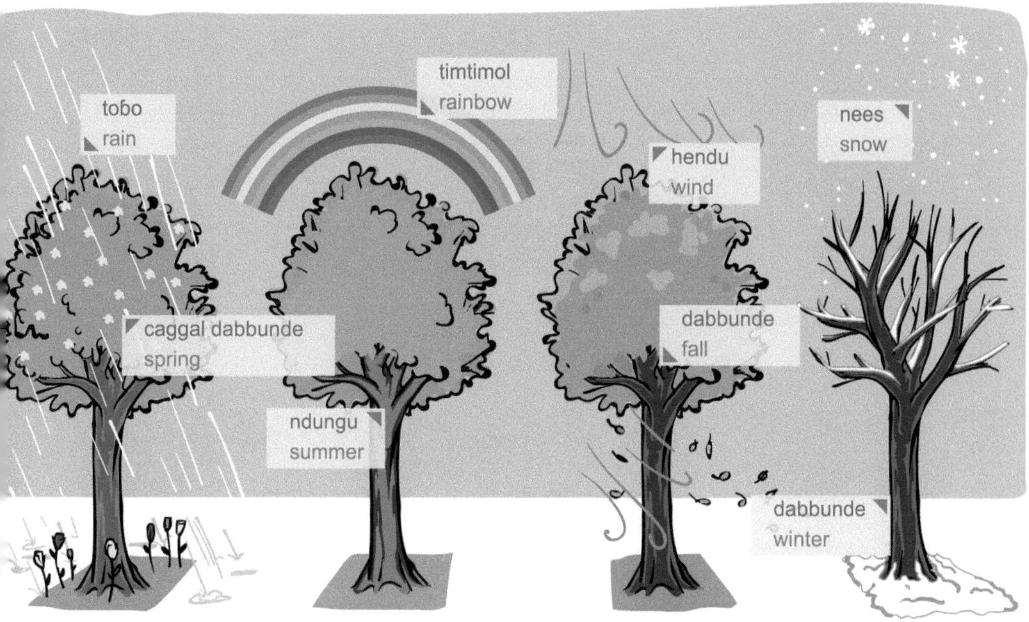

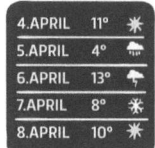

kabrugol geɗe weeyo

weather forecast

F C
120 90 60 30 0 -30
40 30 20 10 0 -10 -20

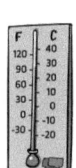

ɓetirgal nguleeki

thermometer

nguleeki naange

sunshine

duulal

cloud

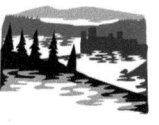

niɓɓere niwri

fog

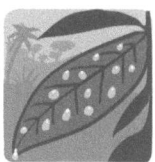

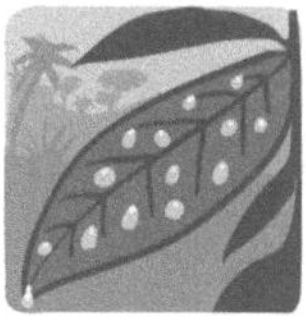

ɓuuɓol

humidity

majaango

lightning

gidango

thunder

hendu yaduungo e gidaali

storm

toɓo mawngo

hail

keneeli mawɗi

monsoon

toɓo yooloongo

flood

galaas

ice

Janwiye

January

Feeviriye

February

Mars

March

Awril

April

Me

May

Suwe

June

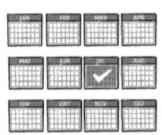

Suliye

July

Ut

August

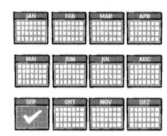

Setanbar
....
September

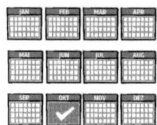

Oktobar
....
October

Noowambar
....
November

Desambar
....
December

Mbaadi
shapes

taariɗum
....
circle

bangeeji potɗi
....
square

rektangal
....
rectangle

tiriyangal
....
triangle

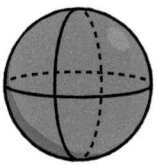

esfeer
....
sphere

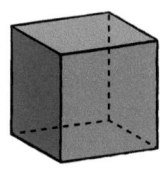

kib
....
cube

deneejo

white

puro

yellow

oraas

orange

roos

pink

bodeejo

red

yolet

purple

bulaajo

blue

werte

green

baka

brown

giri

gray

baleejo

black

heewi / famɗi

a lot / a little

mittinɗo / deeyɗo

angry / calm

yooɗi / soofi

beautiful / ugly

fuɗɗorde / gasirde

beginning / end

mawni / famɗi

big / small

leeri / ɗibbidi

bright / dark

nawniraaɗo gorko / debbo

brother / sister

laaɓi / tulmi

clean / dirty

timmi / manki

complete / incomplete

ñalawma / jamma

day / night

mayi / wuuri

dead / alive

yaaji / ɓitti

wide / narrow

ñaame / ñaametaake

edible / inedible

bonɗum / moyƴi

evil / kind

weelti / deeyi

excited / bored

ɓutto / cewɗo

fat / thin

gadiiɗo / cakkitiiɗo

first / last

sehil / gaño

friend / enemy

heewi / ɓolɗi

full / empty

tiiɗi / hoyi

hard / soft

teddi / hoyi

heavy / light

heege / ɗomka

hunger / thirst

sellaani / salli

ill / healthy

dagaaki / dagi

illegal / legal

ƴoƴi / yiƴaani

intelligent / stupid

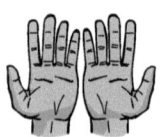

ñaamo / nano

left / right

ɓadi / woɗɗi

near / far

keso / kiiɗɗo

new / used

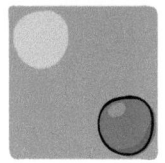

haydara / huunde

nothing / something

nayeeji / suka

old / young

ne heen / ala heen

on / off

udditi / uddi

open / closed

deeƴi / dilla

quiet / loud

galo / baasɗo

rich / poor

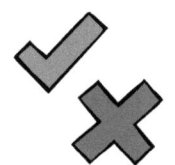

feewi / feewaani

right / wrong

tekki / ɗaati

rough / smooth

suni / weelti

sad / happy

daɓɓo / jutɗo

short / long

leeli / yaawi

slow / fast

leppi / yoori

wet / dry

wuli / ɓuuɓi

warm / cool

hare / jam

war / peace

ceertuɗe - opposites

0

meere

zero

1

goo

one

2

ɗiɗi

two

3

tati

three

4

nay

four

5

joy

five

6

jeegom

six

7

seeɗiɗi

seven

8

jeetati

eight

9

jeenay

nine

10

sappo

ten

11

sappo e goo

eleven

12
sappo e ɗiɗi

twelve

13
sppo e tati

thirteen

14
sappo e nay

fourteen

15
sappo e joy

fifteen

16
sappo e jeegom

sixteen

17
sappo e jeeɗiɗi

seventeen

18
sappo e jeetati

eighteen

19
sappo e jeenay

nineteen

20
noogas

twenty

100
teemedere

hundred

1.000
ujunere

thousand

1.000.000
miliyonŋ

million

Angale

English

Angale Amerik

American English

Mandare Siin

Chinese Mandarin

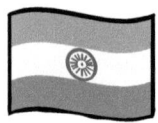

Indo

Hindi

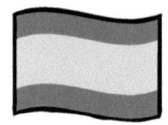

Español

Spanish

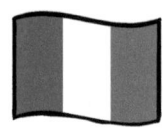

Farayse

French

Arab

Arabic

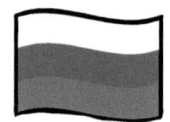

Riis

Russian

Portige

Portuguese

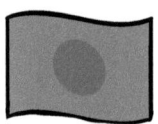

Bengali

Bengali

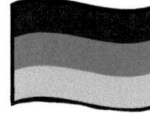

Alma

German

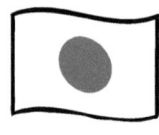

Sappone

Japanese

miin

I

ann

you

kanŋko / kanŋko / kaňum

he / she / it

minen

we

onon

you

kamɓe

they

holi oon?

who?

hol ɗum?

what?

hol no?

how?

hol toon?

where?

mande?

when?

HELLO, I AM

innde

name

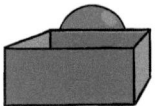

caggal

behind

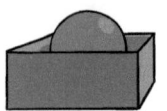

nder

in

yeeso

in front of

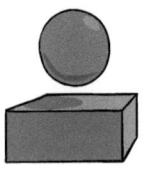

hedde

over

dow

on

les

under

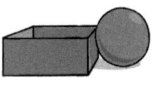

sara

beside

hakkunde

between

nokku

place